Und ich?

Mireille d'Allancé, 1958 in Chamalières, Zentralfrankreich, geboren, verbrachte ihre Kindheit in Karlsruhe und studierte später Bildhauerei in Straßburg. Nach jahrelangem Zeichenunterricht entdeckte sie ihre Begeisterung für – eigene – Kinder und begann Bilderbücher zu illustrieren. Bisher erschien von ihr im Moritz Verlag *Papa hat zu tun.*

Für meine Freundin Chipette

© 1997 Moritz Verlag, Frankfurt am Main
Alle deutschsprachigen Rechte vorbehalten
Die französische Originalausgabe erschien 1997
unter dem Titel *Et moi?*
© 1997 l'école des loisirs, Paris
Druck: Maury Imprimeurs, Manchecourt
Printed in France
ISBN 3 89565 064 1

Mireille d'Allancé

Und ich?

Aus dem Französischen von Holger Fock und Sabine Müller

Moritz Verlag
Frankfurt am Main

Eins steht fest für Franzi:
Nichts ist mehr wie es war,
seit das Baby da ist.

»Aufstehen, Franzi! Wach auf! Sonst kommen wir zu spät!«
»O nein … Nicht schon wieder!«

In Windeseile ist Franzi in ihre Kleider geschlüpft und
mit dem Frühstück fertig. Es ist höchste Zeit. Gleich fängt die Schule an.
»Bindest du mir die Schleifen fest, Mama?«
»Sofort, Franzi. Gibst du mir bitte ein Handtuch?«

»Mama, ich bin jetzt dran. Sonst kommen wir zu spät!«
»Du bist doch schon ein großes Mädchen. Versuch es einmal selbst!
Ich zieh schnell das Baby an und warte im Auto auf dich.
Und vergiss die Schultasche nicht!«

»Siehst du! Das hast du doch prima hingekriegt mit den Schleifen«,
sagt Mama zum Abschied vor der Schule.
Franzi ist da ganz anderer Meinung.
»Der Tag fängt ja wieder einmal gut an…«, denkt sie.

Zum Glück beginnt der Morgen mit Zeichnen,
Franzis Lieblingsfach.

Die Lehrerin geht durch die Klasse. Plötzlich bleibt sie
neben Franzis Bank stehen und ruft: »Bravo, Kaspar!
Dein Bild ist ja toll. Die Farben leuchten richtig!
Hängst du es bitte an die Tafel?«
»Und ich?«, fragt Franzi.

»O ja, dein Bild ist auch sehr schön, Franzi. He, Kaspar,
nimm bitte Franzis Bild mit und häng es daneben!«

Kaspar gehorcht, aber …
»Nicht so!«, ruft Franzi empört. »Häng es richtig rum auf!«
Aber Kaspar hört nicht auf sie: Die Glocke zur großen Pause hat geläutet.

Auf dem Schulhof sagt Bernadette zu Franzi:
»Deine Schleifen sitzen schief. Soll ich sie neu binden?«
»Lass mich in Ruhe!«, antwortet Franzi. »Meine Schleifen sind gut so.«
Sie ist unglücklich und beschließt ihr Bild wieder abzuhängen.
Sie wird es Mama und Papa schenken.

Als Franzi nach Hause kommt, steht Mama in der Küche
und schmiert Brote. »Gefällt dir mein Bild, Mama?«
Da hören sie ein Plärren aus dem Zimmer nebenan.
»Das Baby!«, ruft Mama, »es hat bestimmt Hunger.
Warte einen Moment.«

»Ich habe auch Hunger«, denkt Franzi.
Sie wartet in der Küche. Es kommt ihr lange vor,
wirklich sehr, sehr lange.

Endlich kommt Mama zurück:
»Der Kleine ist der reinste Vielfraß. Ich mach dir gleich ein Brot.«
Franzi dreht sich auf dem Absatz um und rennt in ihr Zimmer.

Jetzt reicht's: Franzi hat beschlossen mit Bärchen wegzugehen.
Sie braucht nur ihre Wollmütze, falls es kalt wird,
ihr Handtäschchen …

… und das Butterbrot, das Mama geschmiert hat.
Mama ist nebenan und hat nichts gemerkt.
Auf Zehenspitzen schleicht Franzi in den Garten.

»Weißt du, Bärchen, die können lange nach mir suchen …
ich komme nicht mehr zurück.«

Franzi und Bärchen stärken sich bei einem
Picknick am Teich: »Verflixt – ein Regentropfen!«
Jetzt ist es Zeit die Mütze aufzusetzen.

Zum Glück hat Papa die Schuppentür offen gelassen.

Im Garten ist es still geworden. Bald wird es dunkel sein.
Franzi kauert im Schuppen und wartet. Sie zittert vor Kälte:
» … und sie haben nicht einmal gemerkt, dass ich fort bin.«

Plötzlich hört Franzi Schritte. Sie springt auf.
Jetzt sind sie schon ganz nahe.
»Ach, wie schade wäre es«, hört sie eine tiefe Stimme sagen,
»wenn unsere kleine Perle, unser geliebter Spatz uns verließe.«
» … nicht auszudenken, wie sich das Baby langweilen würde«,
fügt eine zweite Stimme hinzu. »Dann wäre es ganz allein …«

Franzi späht aus dem Fenster.
»Ich hätte so gerne ein Bild von Franzi. Das könnte ich
in meinem Büro aufhängen oder was meinst du?«, sagt die tiefe Stimme.
»O je, die Ravioli sind noch im Backofen«,
antwortet die andere Stimme. »Hoffentlich sind sie nicht angebrannt.
Das ist doch ihr Leibgericht ...«

Da springt die Schuppentür auf:
»Stimmt das, Mama? Gibt es wirklich Ravioli?«
»Jawohl! Und zum Nachtisch Schokoladencreme.«

Franzi muss nicht lange überlegen.
Papa hüllt sie in Mamas Schal und trägt sie ins Haus.
»Hmmm … Wie das gut riecht!«

Die Ravioli schmecken köstlich. Außer Mama fällt niemandem auf,
dass sie zu lange im Ofen waren. Franzi flüstert ihr ins Ohr: »Stimmt es,
dass Papa ein Bild von mir in seinem Büro aufhängen möchte?«

Im Bett ist es kuschelig warm. Franzi schläft schnell ein.
Nebenan schnarcht Papa. Doch im Wohnzimmer
brennt noch Licht. Mama spitzt die Buntstifte und legt
einen Zeichenblock auf den Tisch. Dann löscht sie das Licht
und geht zu Bett.